Familienrezepte aus aller Welt

Kinderleicht gemeinsam kochen

Abigail Wheatley

ILLUSTRATIONEN
Chaaya Prabhat

KOCHBERATUNG
Maud Eden

GESTALTUNG
Katie Webb

GRAFISCHE LEITUNG
Helen Lee

DIVERSITY-BERATUNG
Show Racism the Red Card

VIELEN DANK!

Ein großes Dankeschön an alle Familien, die dieses Buch mit ihren Geschichten und Rezepten möglich gemacht haben.

INHALT

BEVOR ES LOSGEHT

Die köstlichen Rezepte in diesem Buch stammen von Familien aus der ganzen Welt und sind für Kochanfänger geeignet. Die Zutaten sind im Supermarkt erhältlich und die benötigten Kochutensilien hast du bestimmt zu Hause in der Küche.

ZU BEGINN

Lies dir das Rezept durch, um zu prüfen, ob du alle Zutaten und Kochutensilien hast. Wasche dir die Hände – dann kann es losgehen.

PORTIONSGRÖSSEN

Die Rezepte in diesem Buch sind für vier Personen als leichte Mahlzeit oder Beilage gedacht, sofern nicht etwas anderes angegeben ist. Wenn du mehr kochen möchtest, verdoppele die Zutaten. Wenn du weniger kochen möchtest, halbiere sie.

VORLIEBEN & UNVERTRÄGLICHKEITEN

Alle Rezepte in diesem Buch sind vegetarisch. Du kannst sie auch ohne Nüsse, Eier oder Milchprodukte und sogar glutenfrei oder vegan zubereiten. Wie das geht, erfährst du unter der Überschrift „Alternativen“ auf den jeweiligen Rezeptseiten und auf Seite 58–61 am Buchende.

EINE PRISE SALZ

Eine Prise ist die Menge, die du zwischen deinem Daumen und Zeigefinger fassen kannst. Einige Rezepte benötigen eine Prise Salz, andere aber nicht, da genug Salz in bestimmten Zutaten wie Sojasoße oder Käse enthalten ist.

MENGENANGABEN

Die Menge der Zutaten wird meistens in Gramm angegeben. Kleine Mengen werden mit Tee- oder Esslöffeln gemessen. Damit die Menge genau stimmt, kannst du spezielle Messlöffe nehmen. Die Zutaten sollten glatt gestrichen auf dem Löffel liegen. Bei Flüssigkeiten sollte der Löffel randvoll sein – am besten füllst du ihn direkt über der Schüssel oder der Pfanne

UM HILFE BITTEN

Bevor du neue Kochutensilien benutzt oder etwas Neues ausprobierst, vergewissere dich, dass du weißt, wie es geht. Wenn du nicht sicher bist, frage einen Erwachsenen.

UMGANG MIT PFANNEN

Der Griff einer Pfanne sollte nie direkt zu dir zeigen. Drehe die Pfanne so, dass der Griff nicht stört und du sie nicht vom Herd stößt. Sei vorsichtig, wenn die Pfanne heiß ist, damit du dich nicht verbrennst und nichts verschüttest.

OFENKUNDE

Benutze die mittlere Schiene des Backofens. Schiebe den Rost in die richtige Position, bevor du den Ofen anstellst. Einige Öfen sind schneller oder langsamer, als das Rezept vorgibt. Stelle eine Eieruhr ein, die dich schon einige Minuten vorher erinnert, dass das Essen bald fertig ist.

OFENHANDSCHUH

Töpfe und Speisen können sehr heiß sein. Ziehe einen Ofenhandschuh an, vor allem dann, wenn du etwas aus dem Ofen holst oder hineinstellst.

AUFPASSEN

Gehe nicht aus der Küche, während etwas auf dem Herd steht. Denke daran, den Herd oder Ofen auszuschalten, wenn du fertig bist.

VORSICHTIG SCHNEIDEN

Wenn du etwas mit einem scharfen Messer schneidest, benutze ein Schneidebrett. In den Rezepten erfährst du, wie du etwas sicher schneidest. Auf Seite 6–7 findest du Tipps, wie man häufig verwendete Zutaten verarbeitet.

AUFRÄUMEN

Es ist ratsam, auf dem Boden verschüttete Flüssigkeiten sofort aufzuwischen, damit du nicht ausrutschst. Wenn du beim Kochen sofort alles wegräumst, was du nicht mehr brauchst, behältst du den Überblick. Außerdem ist das Aufräumen dann einfacher, wenn du fertig bist.

GRUNDLAGEN DES KOCHENS

Auf diesen Seiten geben wir dir Tipps und zeigen dir einfache Handgriffe für die Zubereitung der Rezepte im Buch. Wenn etwas nicht klar ist, frage einen Erwachsenen.

SAHNE SCHLAGEN

1 Gib die Sahne in ein möglichst hohes Gefäß, z. B. einen Messbecher. Eine hohe Schüssel geht aber auch.

2 Rühre mit dem Handmixer zunächst auf einer niedrigen Stufe und dann 30 Sekunden auf der höchsten Stufe. Einen Schneebesen kannst du auch verwenden, aber es dauert länger.

3 Wenn du den Handmixer aus der Sahne nimmst, sollte sie sich nach oben ziehen lassen. Bei zu langem Schlagen wird sie zu fest.

ZWIEBELN SCHNEIDEN

1 Schneide den Ansatz oben und unten ab und entferne die äußere Schale. Halbiere dann die Zwiebel.

2 Lege die Hälften mit der flachen Seite nach unten und schneide vorsichtig Scheiben ab.

3 Schneide jede Scheibe in kleine Stücke.

KNOBLAUCH VORBEREITEN

1 Löse eine Zehe von der Knolle. Entferne die Schale.

2 Zerdrücke die Zehe mit einer Knoblauchpresse.

EIER AUFSCHLAGEN

1 Schlage das Ei fest auf einem dünnen Tassen- oder Schüsselrand auf.

2 Drücke deine Daumen in den Riss und ziehe die Schalenhälften auseinander.

3 Lass den Inhalt in das Gefäß fließen.

KARTOFFELN SCHNEIDEN

1 Wasche die Kartoffeln und schneide dunkle Stellen weg. Kartoffeln mit dicker Schale sollten geschält werden.

2 Schneide die Kartoffeln in Scheiben und dann in kleine Stücke.

ÄPFEL & BIRNEN SCHNEIDEN

1 Halbiere den Apfel oder die Birne, dann schneide die Hälften (mit der flachen Seite nach unten) noch einmal durch.

2 Entferne vorsichtig das Kerngehäuse, indem du schräg in den Apfel oder die Birne und von deinem Körper weg schneidest.

PAPRIKA VORBEREITEN

1 Drücke deine Daumen auf beiden Seiten des Stiels in die gewaschene Paprika, bis sie aufbricht.

2 Ziehe beide Seiten auseinander. Entferne den Stiel, die Kerne und die weißen Fasern.

EINFETTEN

1 Reibe die Form mit ein bisschen Butter oder Margarine auf einem Stück Küchenpapier aus.

TIEFE BACKFORM AUSLEGEN

1 Stelle die Form wie im Bild aufs Backpapier. Zeichne rundherum und schneide den gesamten Streifen ab.

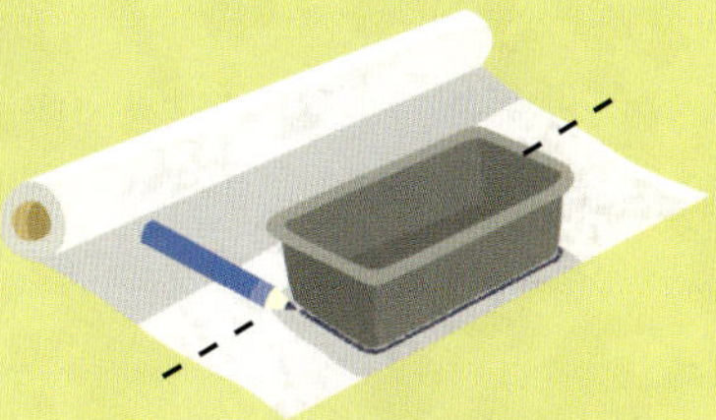

2 Stelle die Form seitlich auf mehr Backpapier. Zeichne rundherum und schneide den gesamten Streifen ab.

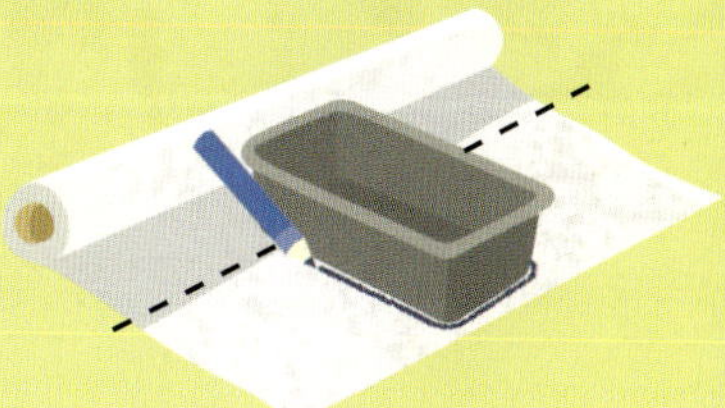

3 Lege den schmalen Streifen in die Form. Lege den breiten Streifen darauf.

4 Bei einer quadratischen Form sind die Streifen gleich groß.

FLACHE BACKFORM AUSLEGEN

1 Stelle die eckige oder runde Form auf Backpapier und zeichne um sie herum.

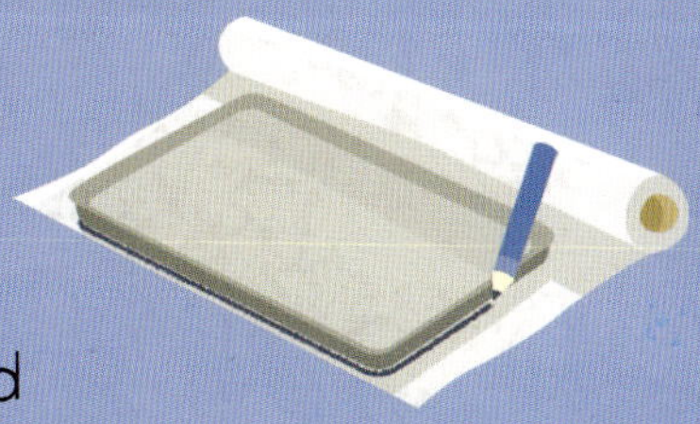

2 Schneide die Fläche etwas innerhalb der Linie aus.

3 Lege das Backpapier in die Backform.

Ich garniere meine sahnigen Puddings mit Himbeeren oder zerkleinerten Ingwerkeksen – du kannst auch beides verwenden!
Danicas Plätzchen
DEUTSCHLAND
Ruths Honigpudding
SCHOTTLAND
Basiles Picknickbrot
FRANKREICH
Sandras heiße Schokolade
SPANIEN
Irenes Chicche
ITALIEN
NORD-AMERIKA
Marlees Schoko-Cookies
USA
Meine Cookies mit Schokostückchen sind so begehrt, dass meine Familie sie aus der Speisekammer stibitzt und wir uns um den letzten Keks streiten!
Islas & Olives gebratener Reis
JAMAIKA
Meine leckeren Klößchen sind aus Ricotta und Spinat.
Ikrams Kesra- Brot
ALGERIEN
Sharons „rot-rote“ Bohnen
GHANA
Ich helfe meiner Tante am Samstagmorgen liebend gern dabei, die Schwarzaugenbohnen in der köstlichen roten Soße zu kochen.
SÜD-AMERIKA
Beatriz' Brigadeiro- Trüffel
BRASILIEN
Ich mache diese schokoladigen Trüffel mit meiner Schwester Fernanda und unserer Mami für Partys und wenn Freundinnen bei uns übernachten.
Pamelas Obstsalat
ARGENTINIEN
Mein erfrischender Obstsalat mit cremigem Dressing ist an heißen Tagen besonders lecker – perfekt nach dem Grillen.

WELTKARTE DER REZEPTE

Die Rezepte in diesem Buch stammen von Familien aus der ganzen Welt. Auf dieser Karte siehst du, woher die Rezepte kommen.

SUNHAS ZUCCHINI-PUFFER

Hallo, ich bin Sunha aus Südkorea. Als ich klein war, machte meine Eomma (Mutter) an Regentagen mit mir diese Puffer – mit Zucchini aus unserem Garten. Sobald einer fertig war, schob mir Eomma ein Stückchen in den Mund.

ZUTATEN

Für die Puffer:

- 300 g Zucchini
- 65 g Mehl
- 4 Esslöffel kaltes Wasser
- 1 Prise Salz
- 2 Esslöffel Sonnenblumenöl oder anderes Speiseöl
- 1 Esslöffel Sesamöl (wenn vorhanden)

Für den Dip:

- 1 kleine Knoblauchzehe
- 2 Esslöffel Sojasoße
- 1 Esslöffel Reis- oder Weißweinessig
- 1 Prise Chiliflocken (wenn du möchtest)

Du brauchst außerdem eine mittelgroße oder große beschichtete Pfanne.

1 Wasche und rasple die Zucchini.

2 Drücke die geraspelte Zucchini über dem Spülbecken aus.

3 Gib die Zucchini in eine große Schüssel.

Das ist der Pufferteig.

4 Vermische das Sonnenblumen- und Sesamöl und erhitze es in einer Pfanne bei mittlerer Hitze für 2–3 Minuten.

5 Gib mehr Teigportionen in die Pfanne (mit etwas Abstand) und brate die Puffer 3–4 Minuten.

6 Wenn sie goldbraun sind, lege die Puffer auf einen Teller.

7 Schäle den Knoblauch, presse ihn und vermische ihn mit der Sojasoße, dem Essig und den Chiliflocken.

8 Tunke ein Stück Zucchini-Puffer in den Dip. Guten Appetit!

ALTERNATIVEN

Um die Puffer glutenfrei zu machen, verwende glutenfreies Mehl und Tamari-Sojasoße.

Um sie sesamfrei zu machen, lass das Sesamöl weg.

Der Dip ist scharf – du kannst die Chiliflocken auch weglassen.

EMINES KISIR-SALAT

Hallo, ich heiße Emine und komme aus der Türkei. Als Kind war mein Lieblingsessen Kisir – ein würziger Salat mit Bulgur, auch Weizenschrot genannt. Es ist wichtig, feinen Bulgur zu verwenden, denn der grobe kocht sich anders. Immer wenn ich sah, wie meine Anne (Mutter) Kisir machte, freute ich mich sehr, denn es bedeutete, dass Verwandte, Freundinnen und Freunde zu Besuch kamen!

ZUTATEN

- 150 g feiner Bulgur oder Couscous
- 225 ml heißes Wasser
- ½ Zwiebel
- 1 Knoblauchzehe
- 2 Teelöffel Olivenöl
- 1 ½ Esslöffel Tomatenmark
- 1 Zitrone
- 2 Frühlingszwiebeln
- 1 kleine Handvoll frische Blattpetersilie
- 1 ½ Teelöffel gemahlener Kreuzkümmel
- 1 ½ Teelöffel Sumach (siehe „Alternativen")
- ½ Teelöffel türkischer Chili-Pfeffer „Urfa" oder getrocknete Chiliflocken (wenn du magst)
- 1 Prise Salz
- 1 Esslöffel Granatapfelmelasse (siehe „Alternativen")
- 2 Römersalatherzen (Romana-Salat)
- 1 Granatapfel (nicht unbedingt notwendig)

1 Gib den Bulgur oder Couscous in eine hitzebeständige Schüssel. Gieße das heiße Wasser darüber.

Lass ihn mit einem Teller zugedeckt 15 Minuten quellen.

2 Schäle die Zwiebel und den Knoblauch. Schneide die Zwiebel in kleine Stücke und presse den Knoblauch.

Auf Seite 6 erfährst du, wie das geht.

3 Erhitze das Öl bei mittlerer Hitze. Gib die Zwiebel nach 2 Minuten dazu.

Brate sie 3 Minuten an und rühre ab und zu um.

4 Gib den Knoblauch und das Tomatenmark dazu und brate alles unter ständigem Rühren noch 2–3 Minuten. Nimm dann die Pfanne vom Herd.

5 Halbiere die Zitrone.

Presse den Saft aus.

Zitronenpresse

6 Schneide die Wurzeln und die oberen grünen Enden der Frühlingszwiebeln weg.

Schneide den Rest in kleine Stücke.

7 Zupfe die Petersilienblätter ab und gib sie in eine Tasse.

Schneide sie klein.

Küchenschere

8 Gib alle Zutaten in die Schüssel mit dem Bulgur. Würze mit Kreuzkümmel, Sumach, Chili, Salz und Granatapfelmelasse.

Rühre alles um und lass es 20 Minuten abkühlen.

9 Löse die einzelnen Blätter vom Salat, sodass sie ganz bleiben.

Viertele den Granatapfel. Drücke die Kerne vorsichtig heraus – der Saft kann Flecken machen!

10 Fülle die Blätter mit Bulgur. Streue Granatapfelkerne darüber.

ALTERNATIVEN

Wenn du kein Sumach hast, reibe die Schale einer gewaschenen unbehandelten Zitrone ab. Füge einen Teelöffel davon in Schritt 8 hinzu.

Wenn du keine Granatapfelmelasse hast, nimm Granatapfelsaft oder mische den Saft einer halben Zitrone mit einem Teelöffel Zucker. Füge die Flüssigkeit in Schritt 8 hinzu.

Um den Salat glutenfrei zu machen, verwende statt Bulgur 150 g Quinoa. Auf Seite 58 erfährst du mehr.

OBST UND GEMÜSE

Auf unserer Welt gibt es eine erstaunliche Vielfalt an buntem und leckerem Obst und Gemüse. Bananen und Kartoffeln isst man fast überall, aber manch anderes Obst und Gemüse ist nur in wenigen Regionen oder Ländern bekannt.

ZUCCHINI gibt es in vielen Formen, Farben und Größen. Man baute sie zuerst in Italien an, aber heute sind sie in vielen Ländern beliebt.

Für das südkoreanische Puffer-Rezept auf Seite 10 brauchst du Zucchini.

ROTE BETE ist ein Wurzelgemüse mit erdigem, leicht süßlichem Geschmack. Es ist in Deutschland, Schweden, Polen, Großbritannien, der Ukraine und Indien beliebt. Rote Bete ist meist rot bis violett, aber es gibt auch andere Farben und sogar gestreifte Sorten.

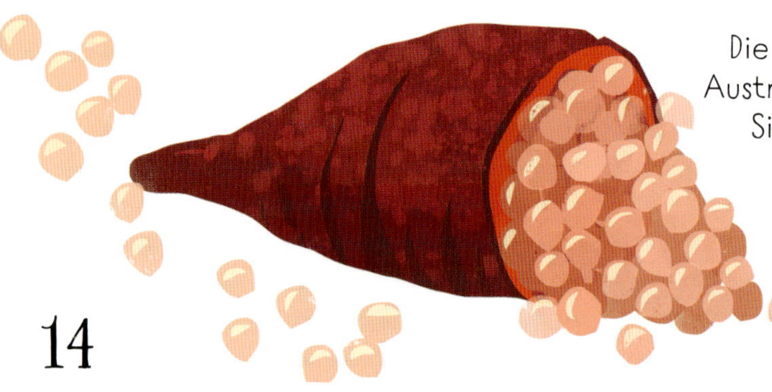

Die **FINGERLIMETTE** ist eine Frucht aus Australien und kommt in verschiedenen Farben vor. Sie schmeckt ähnlich wie eine Limette, aber die langen, dünnen Früchte enthalten winzige, saftige Kügelchen, die wie Perlen aussehen.

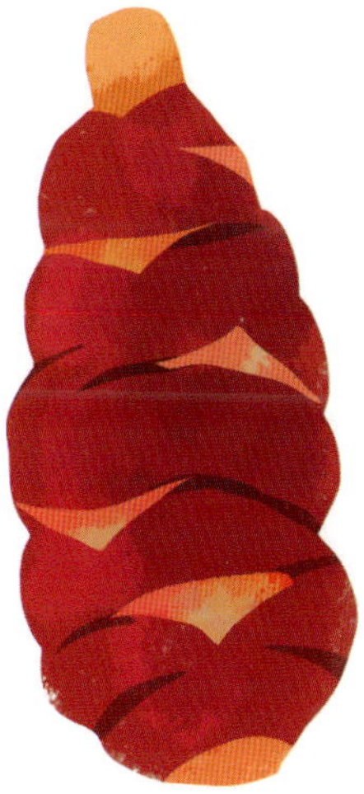

OCA

OCA ist ein Wurzelgemüse, das in Argentinien, Bolivien, Venezuela, Peru und Neuseeland angebaut wird und dort sehr beliebt ist. Es ist rot, aber kann auch andere Farben haben.

GRANATÄPFEL

GRANATÄPFEL haben eine harte Schale, die mit saftigen, roten Kernen gefüllt ist. Sie schmecken süß-säuerlich. Granatäpfel werden in vielen Ländern gern gegessen.

Garniere den Kisir-Salat auf Seite 12 mit Granatapfelkernen.

KOCHBANANEN

KOCHBANANEN sind mit Bananen verwandt, werden aber wie Gemüse gegessen. Sie sind in West- und Zentralafrika, der Karibik und Mittel- und Südamerika sehr beliebt. Man kann sie braten, kochen, frittieren und zu Mehl verarbeiten.

PAK CHOI oder PAKSOI

PAK CHOI oder **PAKSOI** ist ein grüner Blätterkohl aus Asien, der heute auf der ganzen Welt vorkommt. Die knackigen, saftigen Stiele schmecken mild und süß, die Blätter jedoch leicht herb.

BECKYS BUREKAS

Hi, ich bin Becky. In meiner Kindheit habe ich jeden Sommer meine Safta (Oma) in Israel besucht. Mit Saftas geliebtem Nudelholz bereiteten wir Burekas zu – kleine Blätterteigtaschen mit knusprigen Sesamsamen.

ZUTATEN

- eine mittelgroße Kartoffel (ungefähr 180 g)
- 1 Ei
- 100 g Fetakäse (gewürfelt)
- 1 Prise schwarzer Pfeffer
- 1 Rolle Blätterteig aus dem Kühlregal (ungefähr 300 g)
- 2 Esslöffel Sesamsamen oder Schwarzkümmel (oder beides gemischt)

Du brauchst auch ein großes Backblech.

ERGIBT 9 STÜCK

TIPP

Bevor du beginnst, lass den Teig 30 Minuten bei Raumtemperatur stehen.

1 Schneide die geschälte Kartoffel in Stücke (Seite 6). Lege sie in einen Topf mit Wasser. Stelle den Herd auf mittlere Hitze.

2 Wenn das Wasser kocht, reduziere die Hitze und lege den Deckel auf den Topf. Lass die Kartoffel 10–15 Minuten köcheln.

3 Lass die Kartoffel dann in einem Sieb abtropfen und stampfe sie gut.

4 Schlage das Ei auf (Seite 6) und verquirle Eigelb und Eiweiß.

5 Gib die Hälfte vom Ei (der Rest ist für später), Fetakäse und Pfeffer in den Kartoffelteig.

6 Bereite das Blech vor (Seite 7). Heize den Ofen auf 190 Grad vor (170 Grad bei Umluft).

7 Bestäube ein Brett oder die Arbeitsfläche und das Nudelholz mit Mehl.

8 Schneide den Teig in 9 Quadrate und gib jeweils einen Esslöffel Füllung darauf.

9 Falte jedes diagonal zu einem Dreieck.

Drücke die Ränder mit einer Gabel fest. Lege die Dreiecke auf das Blech.

10

11 Bestreue sie mit Sesamsamen oder Schwarzkümmel und backe sie ungefähr 20 Minuten, bis sie goldbraun sind. Lass sie auf dem Blech abkühlen.

ALTERNATIVEN

Auf Seite 58 erfährst du, wie du die Burekas glutenfrei, eifrei, milchfrei, sesamfrei oder vegan zubereitest.

ELONS & OKKIES NEUJAHRSGEBÄCK

Wir sind Elon und Okkie und lieben es, diese Kekse am chinesischen Neujahrsfest mit unserer Por Por und unserem Gung Gung (Oma und Opa) zu backen. Sie kommen aus Hong Kong in China. Wir schmücken dann das Haus, ziehen etwas Rotes an und essen leckere Speisen.

1 Heize den Ofen auf 180 Grad vor (160 Grad bei Umluft). Bereite das Blech vor (Seite 7).

2 Lege ein Sieb über eine Schüssel und siebe Mehl, Speisestärke und Backpulver hinein.

3 Gib Zucker, Salz, Öl und Wasser dazu.

4 Forme den Teig zu einer Kugel. Wenn er zu trocken ist, gib mehr Öl dazu.

5

6 Mache aus jedem der 4 Stücke nochmals 4 Stücke.

7 Gib die Sesamsamen in eine kleine Schüssel.

ZUTATEN

- 100 g Mehl
- 20 g Speisestärke
- ½ Teelöffel Backpulver
- 40 g feiner Zucker
- 1 Prise Salz
- 50 ml Sonnenblumenöl oder anderes Speiseöl
- 3 Esslöffel Wasser
- 3 Esslöffel Sesamsamen

Du brauchst auch ein Backblech.

ERGIBT 16 STÜCK

8 Rolle alle Teigstücke zwischen deinen Handflächen zu kleinen Kugeln.

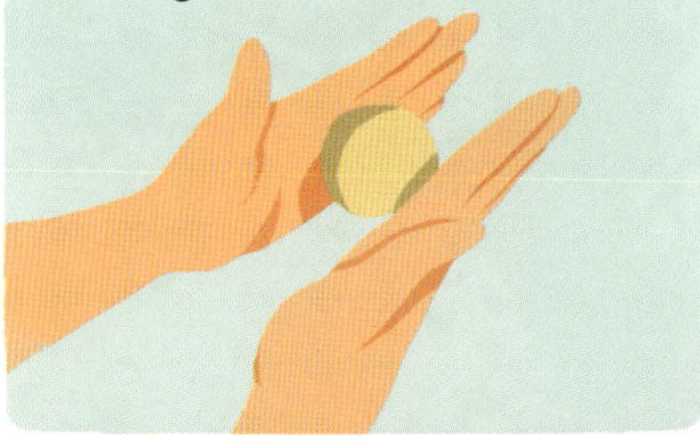

9 Wälze sie im Sesam und lege sie dann auf das Blech.

10 Schiebe das Blech in den Ofen.

Backe die Kugeln 14–16 Minuten.

ALTERNATIVEN

Um die Kekse glutenfrei zu machen, verwende glutenfreies Mehl.

Anstatt Sesamsamen kannst du feinen Zucker oder Kokosraspel verwenden.

RUTHS HONIGPUDDING

Hallo, ich bin Ruth. Als ich klein war, habe ich jeden Sommer meine Tante Chrissie auf ihrem Bauernhof auf der Insel Mull in Schottland besucht. Wir haben zusammen die Kuh Daisy gemolken und dann aus der cremigen Milch diesen Pudding gekocht, den wir mit Himbeeren garniert haben.

ZUTATEN

Für den Pudding:

- 300 ml Vollmilch
- 300 ml Schlagsahne
- 2 Esslöffel flüssiger Honig
- 1 ½ Teelöffel pflanzliches Geliermittel (z. B. Agar-Agar)

Für die Garnierung:

- 1 Handvoll frische Himbeeren ODER
- 3 Kekse (z. B. Ingwerkekse)

Du brauchst auch vier kleine Gläser, Schüsseln oder Tassen.

ERGIBT 4 PORTIONEN

1 Gieße Milch, Sahne und Honig in einen kleinen Topf.

2 Stelle den Topf bei mittlerer Hitze auf den Herd.

3 Lass alles 30 Sekunden köcheln, dann nimm den Topf vom Herd.

4 Nach dem Abkühlen stelle den Pudding mindestens eine Stunde in den Kühlschrank.

5 Lass den Pudding in den Tassen oder stürze ihn heraus.

6

7 Wickle die Kekse in ein Geschirrtuch ein und stampfe mit dem Nudelholz darauf, bis du Krümel hast.

8 Verteile auch die Himbeeren darauf.

ALTERNATIVEN

Auf Seite 59 erfährst du, wie du den Pudding glutenfrei, milchfrei oder vegan zubereitest.

KOCHUTENSILIEN

Köchinnen und Köche rund um den Globus benutzen viele verschiedene Utensilien – vom einfachen Holzlöffel bis zu ganz speziellen Messern. Hier lernst du einige interessante Utensilien aus aller Welt kennen.

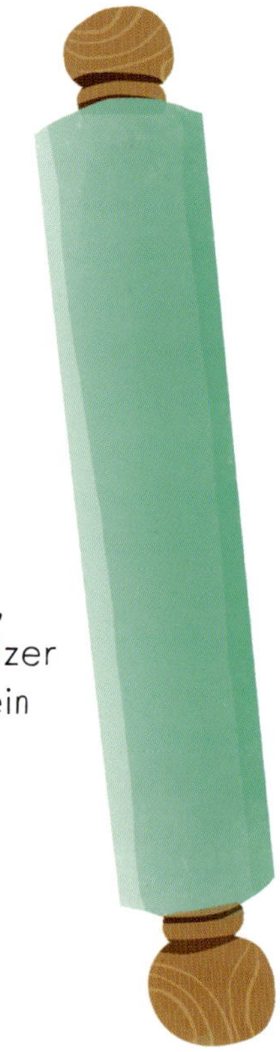

Viele Menschen verwenden **NUDELHÖLZER**, um Teig oder andere Dinge dünn auszurollen. Nudelhölzer können aus Holz, Plastik, Metall, Keramik oder Stein sein und haben verschiedene Formen und Größen.

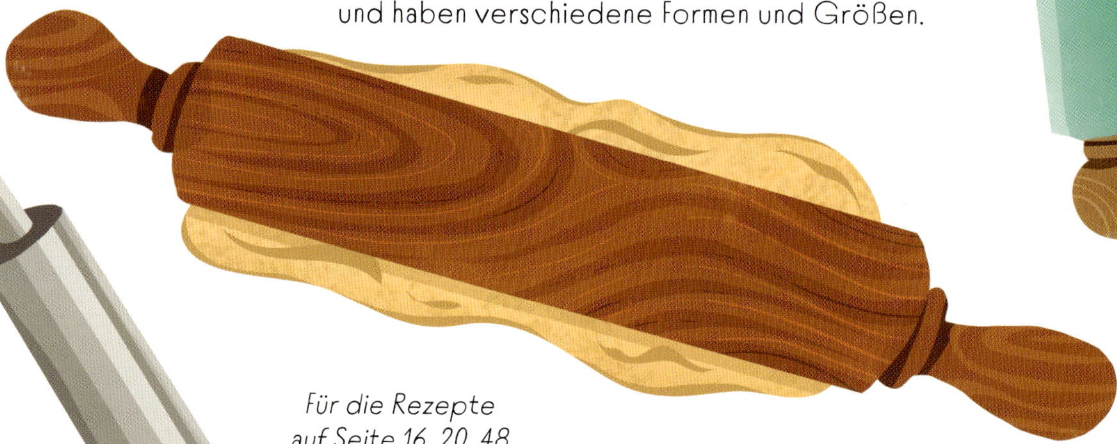

Für die Rezepte auf Seite 16, 20, 48 und 52 brauchst du ein Nudelholz.

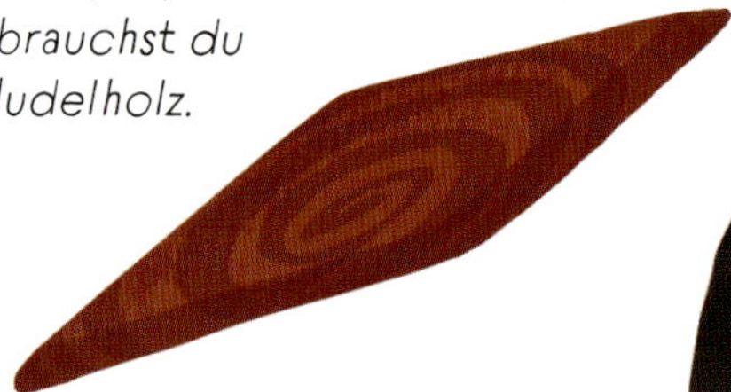

Dieser **IJABE** ist ein nigerianisches Kochutensil, mit dem man gekochte Lebensmittel verrührt und püriert. Er ist aus Palmenstängeln gemacht.

Ein **DAO BAO** ist ein Messer aus Vietnam mit einer blattförmigen Klinge, die einen Schlitz in der Mitte hat. Mit der Klinge kann man Obst und Gemüse in Scheiben schneiden, mit dem Schlitz kann man hobeln.

Das ist eine **MAKISU**, oder Sushi-Matte. Sie stammt aus Japan, ist aus Bambus und wird benutzt, um aus Algen, Reis und verschiedenen Füllungen Sushirollen für Maki-Sushi zu machen.

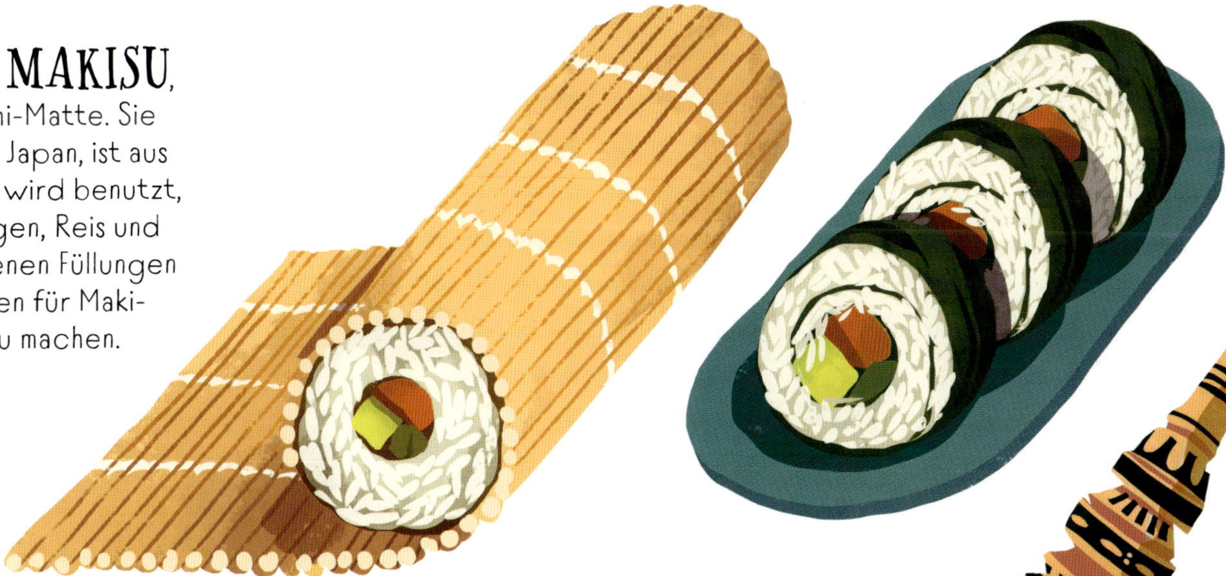

Eine **CHIMTA** ist eine Zange, die in Indien und anderen Ländern zum Umdrehen und Greifen von Fladenbroten wie Chapati oder Roti benutzt wird, die in einer heißen Pfanne oder über Holzfeuer gebacken werden.

Ein **MOLINILLO** oder **BATIROL** ist ein Holzquirl, der in Mexiko und auf den Philippinen für traditionelle Getränke wie z. B. heiße Schokolade verwendet wird. Durch das Drehen zwischen den Handflächen entsteht Schaum.

Das ist ein **MA'AMOUL-LÖFFEL**, der zum Formen von Gebäck verwendet wird, das an religiösen Festtagen wie dem Zuckerfest, Purim oder Ostern in Saudi-Arabien, Israel, Libanon und benachbarten Ländern gegessen wird.

SHARONS „ROT-ROTE“ BOHNEN

Hallo! Ich bin Sharon aus Ghana. Als ich klein war, ging ich immer samstagmorgens mit meiner Naana (Oma) auf den Markt, wo wir die Chop Bar, das Restaurant meiner Tante, besuchten. Manchmal durfte ich ihr helfen, mein Lieblingsgericht zuzubereiten – Schwarzaugenbohnen in einer aromatischen roten Soße.

ZUTATEN

- 1 kleine Zwiebel
- 1 große Tomate
- 1 Stück Ingwer (etwa 2 ½ cm lang)
- 2 Knoblauchzehen
- 2 Frühlingszwiebeln
- 1 Gemüsebrühwürfel
- 200 ml heißes Wasser
- 2 Esslöffel Speiseöl, z. B. Olivenöl, Sonnenblumenöl oder rotes Palmöl
- 4 Esslöffel Tomatenmark
- 2 Teelöffel Paprikagewürz
- 800 g Schwarzaugenbohnen (oder schwarze Bohnen oder Cannellini-Bohnen) aus der Dose
- 1 Prise schwarzer Pfeffer
- 1 rote Chilischote oder 1 Prise getrocknete Chiliflocken (wenn du magst)

Du brauchst außerdem eine große beschichtete Pfanne.

1 Schäle die Zwiebel und schneide sie in kleine Stücke.

2 Halbiere die Tomate, schneide sie in Viertel und dann in kleine Stücke.

3 Reibe den Ingwer.

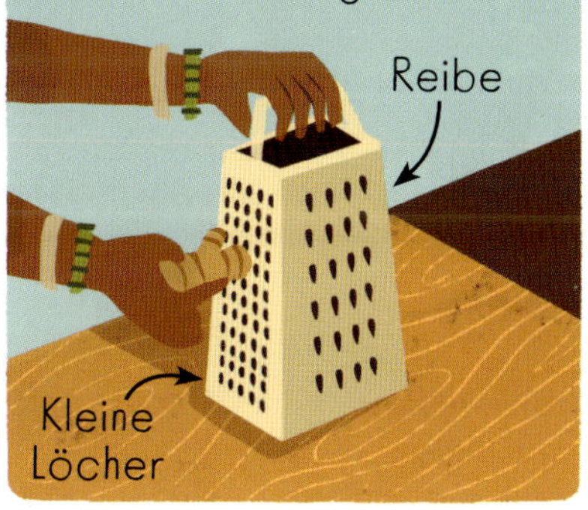

4 Schäle die Knoblauchzehen.

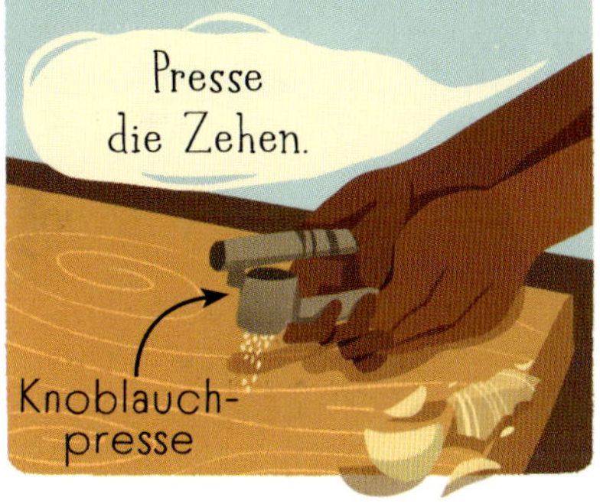

5 Schneide die Wurzel und die oberen grünen Enden der Frühlingszwiebeln weg. Schneide den Rest klein.

6 Zerbrösele den Brühwürfel in einem Messbecher und gib das heiße Wasser dazu.

7 Erhitze das Öl in einer Pfanne bei mittlerer Hitze für 1 Minute.

8 Gib Tomate, Ingwer, Knoblauch, Tomatenmark und Paprika dazu und brate alles 1 Minute unter ständigem Umrühren an.

9 Gieße die Brühe dazu. Wenn sie kocht, reduziere die Hitze, sodass alles nur leicht köchelt.

10

11 Warte, bis es kocht. Dann reduziere die Hitze, bis es wieder nur leicht köchelt.

ALTERNATIVEN

Um das Gericht glutenfrei zu machen, verwende einen glutenfreien Brühwürfel.

Die Bohnen sind etwas scharf, aber du kannst den Chili weglassen.

ELLIOTS ERDBEERTORTE

Hej! Mein Name ist Elliot. Ich koche und backe sehr gern mit meiner Mamma, die aus Schweden kommt. Diese Erdbeertorte hat mehrere Schichten und eine Füllung aus Erdbeeren und Sahne. Wir backen sie, um die Sommersonnenwende zu feiern – unser wichtigstes Fest. Außerdem schmücken wir das Haus mit Blättern und Blumen und treffen Verwandte, Freundinnen und Freunde zu einem Picknick und zum Spielen.

1 Heize den Ofen auf 180 Grad vor (160 Grad bei Umluft). Lege die Formen mit Backpapier aus – auf Seite 7 siehst du, wie das geht.

2 Schlage 2 Eier in eine große Schüssel (Seite 6). Gib 100 g Zucker und ½ Teelöffel Vanilleextrakt dazu.

3 Gib 150 g Mehl und 1 ½ Teelöffel Backpulver in ein Sieb über einer großen Schüssel. Klopfe das Sieb, damit das Mehl durchfällt.

4 Teile den Teig gleichmäßig auf die Formen auf. Streiche ihn bis zum Rand glatt.

5 Teste mit deinem Finger, ob der Teig durch ist. Er sollte sich stabil anfühlen.

6 Lass ihn 10 Minuten abkühlen. Fahre dann mit einem nicht zu scharfen Messer um den Rand der Formen.

ZUTATEN

Für die Böden:

- 4 Eier
- 200 g feiner Zucker
- 1 Teelöffel Vanilleextrakt
- 300 g Mehl
- 3 Teelöffel Backpulver

Für die Füllung:

- 100 g Frischkäse
- 100 g Puderzucker
- 225 ml Schlagsahne
- 300 g Erdbeeren

Du brauchst außerdem zwei runde Kuchenformen mit einem Durchmesser von 20 cm.

ALTERNATIVEN

Auf Seite 59 erfährst du, wie du die Torte glutenfrei, eifrei, milchfrei oder vegan zubereitest.

7 Spüle und trockne die Formen ab und lege sie mit Backpapier aus (Seite 7).

8 Für die Füllung gib den Frischkäse in eine große Schüssel.

9 Rühre die Sahne nach und nach ein. Rühre, bis die Masse spitz hoch steht, so wie im Bild.

10 Lege 2 Erdbeeren beiseite. Entferne die grünen Blätter von den anderen. Schneide die Erdbeeren in kleine Stücke. Mische sie unter.

11 Lege einen Boden auf einen Teller. Verstreiche darauf ¼ der Füllung. Lege den zweiten Boden darauf. Dann kommt wieder Füllung, dann wieder ein Boden usw.

PAMELAS OBSTSALAT

Ich bin Pamela und komme aus einer Küstenstadt in Argentinien. Mein Lieblingsgericht ist Obstsalat. Als ich klein war, hat mir meine Abuelita (Oma) gezeigt, wie man ihn macht. Wir haben den Salat an heißen Tagen nach dem Grillen gegessen. An Festen gab es ein süßes Dressing dazu.

ZUTATEN

Für den Obstsalat:

- 1 Orange
- 1 Banane
- 1 kleine Handvoll dunkle Trauben
- 1 kleine Handvoll Erdbeeren
- 1 roter Apfel
- 1 reife Birne
- 1 Dose Pfirsiche
- 450 ml kalter Orangensaft

Für das Dressing:

- 3 Esslöffel gezuckerte Kondensmilch
- 2 Esslöffel Joghurt griechischer Art

1 Schäle die Orange und die Banane. Wasche die Trauben, Erdbeeren, den Apfel und die Birne und entferne Blätter und Stiele. Gieße die Pfirsiche ab.

2 Viertele den Apfel und die Birne und entferne das Kerngehäuse (Seite 7).

3 Schneide das Obst in mundgerechte Stücke und gib sie in eine Schüssel. Gieße den Orangensaft darüber.

4 Verrühre die Kondensmilch mit dem Joghurt in einer kleinen Schüssel. Gib vor dem Servieren ein wenig über den Salat.

ALTERNATIVEN

Auf Seite 59 erfährst du, wie du den Obstsalat milchfrei und vegan zubereitest.

VICS & ABIS EIS

Wir sind Vic und Abi aus Australien. Als wir klein waren, haben wir unserer Mutter dabei geholfen, dieses leckere Eis zu machen. Sie hat das Rezept von ihrer Mutter. Zu besonderen Anlässen wie Geburtstagen haben wir das Eis am Vortag gemacht und dann zum Frühstück im Garten gegessen.

ZUTATEN

- 200 g gezuckerte Kondensmilch
- 300 ml Schlagsahne
- 1–2 Teelöffel Vanilleextrakt

Du brauchst außerdem einen Behälter mit Deckel für den Tiefkühlschrank, in den ungefähr 600 ml passen.

1 Gib die Kondensmilch, die Sahne und Vanille in eine Schüssel.

2 Nimm den Mixer oder Schneebesen heraus. Die Masse sollte leicht hochstehen.

3 Gib die Masse in den Behälter. Verschließe ihn mit dem Deckel.

4 Wenn du das Eis essen willst, lass den Behälter 5 Minuten bei Zimmertemperatur stehen, bevor du es in kleine Schüsseln verteilst.

ALTERNATIVEN

Um das Eis milchfrei oder vegan zuzubereiten, verwende pflanzliche Kondensmilch und pflanzliche Sahne.

JACOBS EIERROLLE

Hallo, ich heiße Jacob. Ich habe dieses Rezept von meinem Onkel Senti aus Uganda. Es heißt „Eierrolle", weil es ein Omelett ist, das in einen Wrap gerollt ist. In Uganda kann man es an Straßenständen kaufen, aber als ich Onkel Senti besuchte, machten wir sie zu Hause selbst. Ich tunke sie am liebsten in Ketchup!

ZUTATEN

Für die Eierrolle:

- 1 kleines Stück Kohl (ungefähr 50 g)
- 2 Frühlingszwiebeln
- 1 Handvoll frischer Koriander
- 1 mittelgroße Tomate
- 4 Eier
- 1 Prise getrocknete Chiliflocken
- 1 Prise Salz
- 1 Prise schwarzer Pfeffer
- 2 Esslöffel Speiseöl (z. B. Sonnenblumenöl)
- 2 Chapatis oder weiche Wraps

Für den Dip:

- 2 Esslöffel Mayonnaise
- 2 Esslöffel Mango-Chutney ODER
- Tomatenketchup, wenn du das lieber magst

Du brauchst außerdem eine beschichtete Pfanne, die so groß ist wie deine Chapatis oder Wraps, und einen Pfannendeckel oder hitzebeständigen Teller, der auf die Pfanne passt.

1. Schneide den Kohl in dünne Streifen ...

... oder benutze einen Gemüseschäler, um ihn zu hobeln.

2. Schneide die Wurzel und die oberen grünen Enden der Frühlingszwiebeln weg.

Schneide den Rest in kleine Stücke.

3. Lege den Koriander in eine Tasse.

Schneide ihn klein.

Küchenschere

4. Schneide die Tomate in Stücke.

SCHNEID

5. Schlage die Eier in einen hohen Becher (Seite 6).

6. Verquirle Eigelb und Eiweiß.

Hebe Kohl, Frühlingszwiebeln, Koriander und Tomate unter und würze mit Chili, Salz und Pfeffer.

7. Gib einen Esslöffel Öl in die Pfanne.

Erwärme es bei mittlerer Hitze.

8. Gib die Hälfte der Eier dazu.

Reduziere die Hitze etwas und lege den Deckel oder den Teller auf die Pfanne.

9. Brate das Omelett für 5 Minuten oder bis es fest ist. Schalte die Herdplatte aus.

Lege 1 Wrap oder 1 Chapati darauf, decke die Pfanne ab. Warte 5 Minuten.

10. Vermische Mayonnaise und Mango-Chutney.

Kleine Schüssel

RÜHR

11. Lege jetzt einen umgedrehten Teller auf die Pfanne.

Drehe Pfanne und Teller vorsichtig um und nimm die Pfanne weg.

12. Decke alles mit einem anderen Teller ab. Wiederhole Schritt 7, 8, 9 und 11 für ein zweites Omelett.

13. Rolle die Wraps oder Chapatis (mit den Omeletts innen) auf. Halbiere die Rollen.

Tunke sie beim Essen in den Dip.

ALTERNATIVEN

Statt Koriander kannst du auch Petersilie verwenden.

Um die Eierrolle glutenfrei zuzubereiten, verwende einen glutenfreien Wrap.

Auf Seite 60 erfährst du, wie du sie eifrei oder vegan zubereitest.

FESTLICHE SPEISEN

Menschen auf der ganzen Welt feiern gern besondere Anlässe, indem sie zusammen mit Familie, Freundinnen und Freunden essen. Jedes Land hat dafür seine eigenen kulinarischen Spezialitäten. Hier stellen wir einige festliche Speisen vor, aber im Buch findest du noch weitere.

Das Kokos-Konfekt **BARFI** wird zur Feier des Lichterfestes Diwali in Mauritius, Indien, Fidschi, der Karibik und Teilen von Ostafrika zubereitet. Es ist mit Nüssen, Zuckerstreuseln und manchmal mit echtem Gold oder Silber verziert.

Ein Rezept für Barfi aus Mauritius steht auf Seite 34.

PASCA isst man in Rumänien an Ostern, bei Hochzeiten und anderen Festen. Der Kuchen besteht aus süßem Hefeteig und wird zu einem Kreis geflochten. In der Mitte ist eine Käsekuchenfüllung.

In Ungarn backt man an Weihnachten **BEIGLI**, eine Mohn- oder Walnussrolle, die in Scheiben geschnitten wird. Ein ähnlicher Kuchen ist in Polen, Lettland, Rumänien, der Slowakei, Serbien und Bosnien beliebt.

Ein anderes Weihnachtsrezept findest du auf Seite 36.

KETUPAT ist ein Gericht aus Reis, der in geflochtenen Taschen aus Palmblättern gekocht wird. Es wird in Indonesien mit Suppen oder scharfen Eintöpfen an islamischen Festen wie dem Zuckerfest und Eid al-Adha gegessen.

MEGHLI, oder **KARAWIYAH,** ist ein süßer Reispudding mit Gewürzen, der mit Nüssen garniert ist. Man isst ihn im Libanon, in Palästina, Syrien und Jordanien, um die Geburt eines Babys zu feiern.

KÜRBISKUCHEN wird in Kanada und den USA an Thanksgiving gebacken, dem Erntedankfest. Der Mürbeteigkuchen ist mit einer süßen Kürbismasse gefüllt.

THUNG TONG, auch „Goldbeutelchen“ genannt, sind frittierte Teigtaschen, die mit Fleisch oder Gemüse gefüllt sind. Einige Familien verschenken sie, um an Songkran, dem thailändischen Neujahrsfest, anderen Glück zu wünschen.

GEMMAS KOKOS-BARFI

Hallo, ich bin Gemma aus Mauritius. Als Kind habe ich dieses Rezept jedes Jahr mit meiner Familie gemacht, um das Lichterfest Diwali zu feiern. Wir haben unser Zuhause geschmückt und leckere Süßigkeiten wie diese Barfi zusammen gegessen.

ZUTATEN

- 300 g Kokosraspel
- 1 Dose gezuckerte Kondensmilch (400 g)
- ¼ Teelöffel gemahlener Kardamom (es geht auch ohne)
- 2 ½ Teelöffel Ghee, Butter oder Margarine
- ein wenig pinkfarbene Lebensmittelfarbe

Für das Topping:

- Zuckerstreusel ODER
- gehackte Pistazien (lass die Nüsse weg, wenn du eine Nussallergie hast)

Du brauchst außerdem einen Behälter, der etwa 18 x 18 cm groß ist.

ERGIBT UNGEFÄHR 25 STÜCK

1 Lege den Behälter mit Backpapier aus.

2 Gib die Kokosraspel in eine Pfanne. Stelle den Herd auf mittlere Hitze.

3 Rühre die Kondensmilch ein.

4 Gib Kardamom und Ghee (alternativ Butter oder Margarine) hinzu. Rühre alles ungefähr 3 Minuten, bis die Masse eindickt.

5 Gib die Hälfte der Masse in den Behälter. Drücke sie mit einem Teigschaber flach.

6 Hebe ein paar Tropfen pinkfarbene Lebensmittelfarbe unter die Masse in der Pfanne.

7 Du kannst Zuckerstreusel oder Pistazien darüberstreuen und mit einem Löffel festdrücken.

8 Nimm sie aus der Form.

ALTERNATIVEN

Um die Barfi milchfrei oder vegan zuzubereiten, verwende pflanzliche Kondensmilch und Margarine.

Um sie nussfrei zu machen, verwende Zuckerstreusel anstatt Pistazien.

ISLAS & OLIVES GEBRATENER REIS

Hallo, wir sind Schwestern und unser Lieblingsrezept ist gebratener Reis mit Gewürzen und Limettensaft. Unsere Oma hat es uns beigebracht – sie kocht gern Gerichte aus Jamaika, wo unser Opa herkommt. Wir freuen uns immer sehr auf Weihnachten, weil wir den Reis dann zusammen mit unseren Cousins Asher und Cohen essen. Es ist ein besonderer Moment, wenn Oma die Schüssel auf den Tisch stellt!

ZUTATEN

- 1 große Zwiebel
- 2 große Knoblauchzehen
- 1 rote Paprika
- 1 grüne Paprika
- 2 Limetten
- 4 Esslöffel Speiseöl
- 1 Teelöffel getrockneter Thymian
- 1 Esslöffel Kurkumapulver
- 1 Teelöffel gemahlener Nelkenpfeffer (Piment)
- 1 Teelöffel gemahlener Kreuzkümmel
- 1 Prise Salz und 1 Prise schwarzer Pfeffer
- 2 Teelöffel Paprikagewürz
- 1 Prise Chilipulver (wenn du magst)
- 500 g vorgekochter Basmati-Express-Reis (2-Minuten-Reis) aus der Tüte

Du brauchst außerdem eine große beschichtete Pfanne.

1 Schäle die Zwiebel und schneide sie in kleine Stücke.

2 Schäle die Knoblauchzehen.

3 Bereite die Paprika vor (Seite 7).

4 Halbiere die Limetten und presse sie aus.

5 Erwärme das Öl bei mittlerer Hitze. Gib nach 1 Minute die Zwiebel dazu und brate sie 3 Minuten an.

6 Gib die Paprika und alle Gewürze dazu. Brate alles 3 Minuten an.

7 Bevor du den Reis öffnest, drücke auf die Packungen, um Klumpen aufzulösen. Gib den Reis in die Pfanne.

8 Brate alles unter ständigem Rühren 2 Minuten.

ALTERNATIVEN

Wenn du daraus ein Hauptgericht machen möchtest, brauchst du 300 g gekochte und geschälte Riesengarnelen, 300 g Speckwürfel oder 300 g Tiefkühl-Erbsen. Gib sie nach Schritt 6 dazu und koche sie unter häufigem Umrühren 2 Minuten. Dann befolge die restlichen Schritte.

IRENES CHICCHE

Hallo, ich bin Irene aus Italien. Diese leckeren kleinen Klöße sind ein bisschen wie Gnocchi, aber wir nennen sie Chicche (das spricht man Ki-ke aus). Als ich klein war, habe ich sie mit meiner Nonna (Oma) an ihrem großen Küchentisch zubereitet. Manchmal habe ich etwas Teig stibitzt und ihn unter dem Tisch gegessen.

ZUTATEN

Für die Chicche:

- 300 g Tiefkühl-Spinat
- 1 Ei
- 150 g Parmesan am Stück
- 250 g Ricotta
- 300 g Mehl
- ¼ Teelöffel geriebene Muskatnuss
- 1 Prise Salz für das Kochwasser

Für die Soße:

- 1 mittelgroße Zwiebel oder 2 Schalotten
- 2 Knoblauchzehen
- 1 Esslöffel Olivenöl oder anderes Pflanzenöl
- 800 g stückige Tomaten aus der Dose
- 10 große Blätter Basilikum
- 1 Prise schwarzer Pfeffer
- 2 Prisen Salz

TIPP

Bevor du beginnst, taue den Spinat auf – bei Zimmertemperatur für 2 Stunden oder in der Mikrowelle mit der Auftaufunktion.

Du brauchst außerdem einen Schaumlöffel.

1 Drücke den Spinat über der Spüle aus. Gib ein bisschen Spinat in eine Tasse und schneide ihn klein. Dann gib ihn in eine große Schüssel.

2 Schlage ein Ei in eine Tasse (Seite 7). Reibe den Parmesan an den kleinen Löchern der Reibe. Gib Ei, Parmesan, Ricotta, Mehl, Muskatnuss und Salz in die Schüssel.

3 Bestäube eine Fläche mit Mehl. Teile den Teig in 4 Stücke.

4 Schneide mit einer Küchenschere 1 cm breite Stücke ab. Das sind deine Chicche.

5 Schäle die Zwiebel und die Knoblauchzehen und schneide die Zwiebel in kleine Stücke (Seite 6).

6 Gib das Öl bei mittlerer Hitze in eine große Pfanne. Gib die Zwiebel nach 2 Minuten dazu.

7 Gib den Knoblauch dazu und brate ihn 1 Minute an. Gib die Tomaten mit ihrem Saft dazu.

8 Zerreiße die Basilikumblätter und gib sie dazu. Pfeffer und Salz auch.

9 Stelle einen großen Topf mit Wasser bei hoher Hitze auf den Herd.

10 Gib die Hälfte der Chicche ins Wasser. Nach 2 Minuten kommen sie nach oben. Nimm sie mit dem Schaumlöffel heraus.

11 Koche die restlichen Chicche auf dieselbe Weise und gib sie dann in die Soße.

ALTERNATIVEN

Auf Seite 60 erfährst du, wie du die Chicche glutenfrei, eifrei, milchfrei oder vegan zubereitest.

KRÄUTER UND GEWÜRZE

Menschen auf der ganzen Welt würzen ihre Speisen mit Kräutern und Gewürzen. Kräuter sind meist Pflanzenblätter oder -stängel. Gewürze können von anderen Pflanzenteilen stammen wie Samen, Wurzeln oder Früchten. Viele Kräuter und Gewürze sind getrocknet, aber manche verwendet man auch frisch.

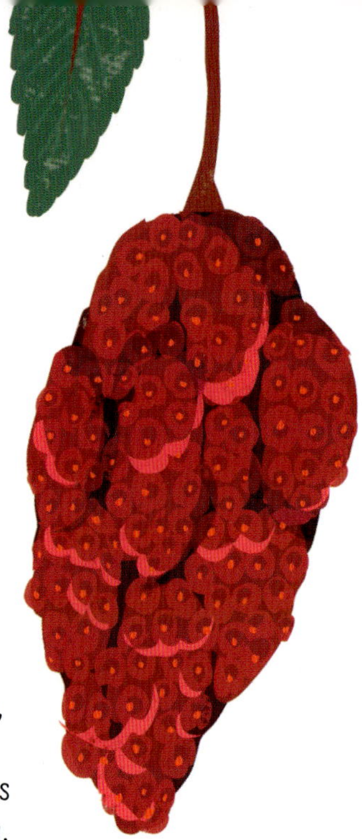

Das Gewürz **SUMACH** ist in westasiatischen Ländern wie der Türkei, Syrien, Palästina, Irak, Israel und Pakistan beliebt. Es wird aus den Früchten des Sumachbaums gemacht und schmeckt säuerlich-fruchtig.

KURKUMA ist ein Gewürz aus der Wurzel einer Pflanze aus Asien. Es hat einen erdig-holzigen, leicht bitteren Geschmack und wird in der indischen, südasiatischen und nahöstlichen Küche verwendet.

KORIANDER hat einen würzigen Geschmack. Die Blätter und Stängel werden als Kraut verwendet, die Früchte (auch Samen genannt) sind ein Gewürz. Beides ist weltweit beliebt.

Verwende Koriander in den Rezepten auf Seite 30 und 46.

VANILLE ist ein Gewürz, das aus den Schoten einer Orchidee aus Mexiko stammt. Es wird heute auf einigen Inseln im Indischen Ozean angebaut und auf der ganzen Welt verwendet. Vanille verleiht Gerichten ein süßlich harmonisches Aroma.

CHILI ist ein Gewürz, das von den feurig-scharfen Chilischoten stammt. Sie kommen ursprünglich aus Süd- und Mittelamerika, sind aber auch in der asiatischen und afrikanischen Küche beliebt.

BASILIKUM ist ein blättriges Kraut mit würzigem Geschmack. Es gibt verschiedene Arten: Italienisches Basilikum ist in Europa beliebt, Thai-Basilikum in Südostasien und Heiliges Basilikum in Indien.

Basilikum brauchst du für das Rezept auf Seite 38.

SAFRAN besteht aus den getrockneten Staubblättern von Krokussen. Er wird seit der Antike in Griechenland, im Iran und Irak verwendet, ist nun aber auch in anderen Teilen der Welt beliebt. Er hat einen bitter-aromatischen Geschmack und ist das teuerste Gewürz der Welt.

MARLEES SCHOKO-COOKIES

Hallo, ich bin Marlee aus Philadelphia in den USA. Für Familienfeiern backe ich gern Schoko-Cookies. Ich habe das Rezept von meinem Vater, mit dem ich als Kind immer riesige Mengen gebacken habe. Wir haben sie dann mit zu unseren Verwandten genommen. Die Cookies waren so begehrt, dass meine Familie immer welche stibitzte und wir uns um den letzten Keks zankten.

ZUTATEN

- 100 g Butter
- 75 g feiner Zucker
- 75 g brauner Zucker oder Vollrohrzucker
- 1 Teelöffel Vanilleextrakt oder 1 Päckchen Vanillezucker
- 1 Ei
- 175 g Mehl
- 1 Prise Salz
- ½ Teelöffel Natron
- 100 g Schokostückchen

Du brauchst außerdem zwei große Backbleche.

ERGIBT 24 STÜCK

TIPPS

Bevor du beginnst, lass die Butter und das Ei 30 Minuten bei Zimmertemperatur stehen.

Du kannst auch gesalzene Butter nehmen und das Salz weglassen.

1 Gib die Butter, den gesamten Zucker und die Vanille in eine große Schüssel. Vermische alles und rühre dann kräftig, bis ein weicher Teig entsteht.

2 Schlage das Ei am Rand einer Tasse oder eines Bechers auf – wie das geht, steht auf Seite 6.

3 Gib das Ei in die Schüssel.

4 Halte ein Sieb über die Schüssel und siebe Mehl, Salz und Natron hinein.

5 Vermische alles, bis der Teig glatt ist. Rühre dann die Schokolade unter.

6 Heize den Ofen auf 190 Grad (170 Grad bei Umluft) vor.

7 Teile den Teig in 4 gleich große Stücke. Forme aus jedem Stück 6 Kugeln und lege sie auf das Blech.

8 Backe sie 8–10 Minuten, bis sie am Rand goldbraun sind. Lass sie auf dem Blech abkühlen.

ALTERNATIVEN

Um die Cookies glutenfrei zuzubereiten, verwende glutenfreies Mehl.

Um sie eifrei zuzubereiten, ersetze das Ei mit 2 Esslöffeln pflanzlicher Milch.

Um sie milchfrei zuzubereiten, verwende Margarine und vegane Schokostückchen.

Um sie vegan zuzubereiten, backe sie milchfrei und eifrei.

KATERYNAS SYRNYKY-PFANNKUCHEN

Hallo, ich bin Kateryna und auf dem Bauernhof meiner Großeltern in der Westukraine aufgewachsen. Meine Eltern sind meist früh zur Arbeit gegangen, daher hat meine Babcia (Oma) für mich und meinen Cousin Roman Frühstück gemacht. Am liebsten aß ich „Syrnyky" – kleine, süße Pfannkuchen. Sie sind besonders lecker mit Erdbeermarmelade und saurer Sahne.

Die Pfannkuchen sind mit Hüttenkäse gemacht – dieses Milchprodukt ist in Osteuropa sehr beliebt.

Manche Familien verwenden auch körnigen Frischkäse oder Schichtkäse.

ZUTATEN

Für die Pfannkuchen:

- 300 g Hüttenkäse
- 2 Esslöffel feiner Zucker
- 3 Esslöffel Mehl, plus ein bisschen mehr zum Teig formen
- 4 Esslöffel Rosinen (wenn du magst)
- Sonnenblumenöl oder anderes Speiseöl

Mögliche Toppings:

- dein Lieblingsjoghurt
- Schlagsahne oder saure Sahne
- ein bisschen Puderzucker
- frische Beeren

Du brauchst außerdem eine große beschichtete Pfanne.

ERGIBT UNGEFÄHR 10 STÜCK

1 Löffle den Hüttenkäse auf ein sauberes Geschirrtuch.

2 Gib den Hüttenkäse in eine große Schüssel. Rühre Zucker, Mehl und Rosinen unter.

3 Gib 1 gehäuften Esslöffel Teig auf den Teller mit Mehl.

4 Forme eine Kugel, dann drücke sie flach, ungefähr bleistiftdick.

5 Gib 2 Esslöffel Öl in die Pfanne.

6 Lege ein paar Pfannkuchen hinein. Brate sie 3–4 Minuten oder bis die Unterseite goldbraun ist.

7 Wende sie und brate sie noch 3 Minuten.

8 Lege die Pfannkuchen auf einen Teller und einen umgedrehten Teller darauf, um sie warm zu halten.

9 Wiederhole Schritt 6 bis 8, bis alle Pfannkuchen fertig sind.

ALTERNATIVEN

Auf Seite 61 erfährst du, wie du die Pfannkuchen milchfrei oder vegan zubereitest.

Um sie glutenfrei zuzubereiten, verwende glutenfreies Mehl.

PRIYAS KICHERERBSEN-CURRY

Hallo, mein Name ist Priya. Ich komme aus Südindien und liebe Chana Masala, was „gewürzte Kichererbsen“ bedeutet. Ich habe wunderschöne Kindheitserinnerungen daran, wie ich sie mit meiner Paati (Oma) nach der Schule gekocht habe. Meine Schwester Aditi und ich haben das Curry mit gebuttertem Toast auf unserem Balkon gegessen.

ZUTATEN

- 1 Zwiebel
- 3 Knoblauchzehen
- 1 grüne Chilischote (oder mehr, wenn es scharf sein darf)
- 1 Stück Ingwer (etwa 2½ cm lang)
- 3 Esslöffel Sonnenblumenöl oder anderes Speiseöl
- 1 Teelöffel Kreuzkümmel (Samen)
- 1 Prise Salz
- 4 Esslöffel Passata (passierte Tomaten)
- 2 Teelöffel Garam Masala (Gewürz)
- 1 Teelöffel Chana Masala (Gewürz)
- 1 Teelöffel Chilipulver (oder nur 1 Prise, wenn du es milder magst)
- 1½ Teelöffel gemahlener Koriander
- ½ Teelöffel Kurkumapulver
- 800 g Kichererbsen aus der Dose oder aus dem Glas
- 1 kleine Handvoll frischen Koriander
- 1 Zitrone

ALTERNATIVEN

Du kannst die Gewürzmischungen für dieses Gericht kaufen. Wenn du Chana Masala nicht finden kannst, nimm mehr Garam Masala, das einfacher erhältlich ist.

DANICAS PLÄTZCHEN

Hallo, ich bin Danica aus Deutschland. Diese Plätzchen mit Marmelade in der Mitte habe ich mit meiner Mutter und meiner Schwester immer im Dezember gebacken, als ich ein Kind war. Wir hatten keine runde Ausstechform und haben jedes Jahr nach Dingen gesucht, die wir stattdessen verwenden konnten.

ZUTATEN

- 200 g Mehl
- 1 Esslöffel Milch
- 60 g feiner Zucker
- 1 Prise Salz
- 1 Päckchen Vanillezucker
- 1 unbehandelte Zitrone
- 125 g weiche Butter
- 4 Esslöffel Marmelade
- Puderzucker zum Bestäuben

Du brauchst außerdem eine große runde Ausstechform (etwa 5 cm Durchmesser), eine kleine runde Ausstechform (etwa 2 cm Durchmesser) und zwei Backbleche.

ERGIBT UNGEFÄHR 20 STÜCK

TIPP

Wenn du ein Eigelb in den Teig gibst, wird er noch feiner.

1 Siebe das Mehl in eine große Schüssel.

2 Reibe die Schale einer halben gewaschenen Zitrone ab.

3

4 Verknete alles mit bemehlten Händen zu einer glatten Teigkugel.

5

6 Heize den Ofen auf 180 Grad (175 Grad bei Umluft) vor. Lege die Bleche aus.

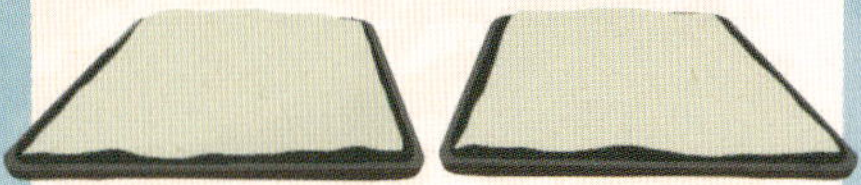

Schau auf Seite 7, wie es geht.

7 Bestäube Arbeitsfläche und Nudelholz mit Mehl. Rolle den Teig aus, bis er halb so dick wie ein Bleistift ist.

8 Steche viele große Kreise aus. Mache mit der kleinen Form Löcher in die Mitte der Hälfte der Kreise.

9 Drücke die Teigreste zusammen, rolle sie erneut aus und steche mehr Kreise aus.

10 Lege die Plätzchen auf ein Kuchengitter und warte, bis sie völlig abgekühlt sind.

11 Streiche die Marmelade auf die Kreise ohne Loch und lege dann die anderen darauf.

ALTERNATIVEN

Für glutenfreie Plätzchen verwende glutenfreies Mehl.

Um sie milchfrei oder vegan zu machen, verwende pflanzliche Milch und Margarine.

Du kannst jede Marmelade verwenden, aber feine Marmeladen oder Gelees lassen sich besser verstreichen.

KOCHTÖPFE

Suppen, Eintöpfe und andere Gerichte werden auf der ganzen Welt in Töpfen gekocht. In vielen Ländern und Regionen gibt es traditionelle Kochtöpfe. Hier siehst du eine Auswahl.

Im Tontopf **DONABE** werden in Japan Eintöpfe und Nudelsuppen gekocht.

Ein **BEANPOT** ist aus Ton oder Metall und hat einen Deckel. In den USA werden in ihm gebackene Bohnen gekocht.

Das ist ein **SUFURIA**, ein Kochtopf aus Metall, in dem zum Beispiel in Kenia und Tansania gekocht wird. Es gibt ihn in verschiedenen Größen, mit Deckel und ohne.

In Bulgarien ist **GYUVECH** der Name für einen Topf und auch für den Eintopf, der in ihm gekocht wird. Ähnliche Töpfe werden in Griechenland, Rumänien und der Türkei genutzt.

Dieser Topf heißt **OLLA**. In ihm werden Bohnen und Eintöpfe gekocht. Er wird sowohl in Spanien als auch in Mexiko und in Teilen des Südwestens der USA genutzt.

In dieser **TAJINE** werden Eintöpfe (die auch Tajine heißen) in nordafrikanischen Ländern wie Marokko und Algerien zubereitet.

Du kannst das Rezept auf Seite 52 in einer Tajine kochen.

Ein **HANDI** ist ein Topf aus Ton oder Metall, mit dem in Nordindien, Pakistan und Bangladesch gekocht wird. Der Deckel sorgt dafür, dass das Essen saftig bleibt.

TIPP

Wenn du diese Töpfe nicht hast, kannst du einen normalen Kochtopf oder eine tiefe Pfanne benutzen. Im Rezept steht, wie du vorgehen musst.

IKRAMS KESRA-BROT

Hallo, mein Name ist Ikram und ich bin aus Algerien. Ich habe dieses Rezept von meiner Mama und Nana (Oma) gelernt, als ich klein war. Das Kesra ist ein traditionelles Fladenbrot. Dank Nanas geheimer Zutat schmeckt unser Brot besonders gut.

ZUTATEN

- 200 g Hartweizengrieß
- ½ Teelöffel Salz
- ½ Teelöffel Zucker
- 1 Päckchen (2 Teelöffel) Trockenhefe
- 150 ml warmes Wasser
- Mehl zum Bestäuben
- 50 g Butter

ERGIBT 4 STÜCK

Du brauchst außerdem den unteren Teil einer Tajine oder eine Pfanne, am besten eine beschichtete.

TIPP

Bevor du beginnst, lass die Butter 30 Minuten bei Zimmertemperatur weich werden.

1 Gib Grieß, Salz, Zucker und Hefe in eine große Schüssel.

Gib etwas vom Wasser dazu.

Vermenge alles mit deinen Händen.

2 Gib nach und nach mehr Wasser dazu, bis du eine glatte Kugel formen kannst.

Vielleicht genügt auch weniger Wasser.

3 Bestreue eine Fläche mit Mehl. Lege den Teig darauf.

Drücke ihn mit den Fingerknöcheln oder den Handballen nach unten.

DRÜCK

4 Falte den Teig in der Mitte zu dir hin …

FALT

… dann drücke ihn runter.

Mache das 5–10 Minuten oder bis der Teig glatt und elastisch ist.

5 Mache 4 Teile daraus.

Forme sie zu Kugeln und rolle sie dann aus, bis du 15 cm große Kreise hast.

Nudelholz mit Mehl bestäubt

6 Streiche die Butter vorsichtig auf die Kreise.

Falte den Teig so zusammen, dass die Butter bedeckt ist.

Die Butter ist unsere Geheimzutat!

7 Forme jedes Stück zu einer Kugel. Rolle jede wieder zu einem 15 cm großen Kreis aus.

Ein bisschen Butter kann herausquellen, das macht nichts.

8 Erhitze die Tajine oder eine Pfanne 5 Minuten bei mittlerer Hitze.

Lege ein Brot hinein.

BRUTZEL

9 Backe das Brot 2–3 Minuten, bis die Unterseite goldbraune Flecken hat.

Wende das Brot und backe es 2–3 Minuten auf der anderen Seite.

10 Backe alle Brote. Lass sie einige Minuten abkühlen, bevor du sie isst – einfach so, mit Marmelade, Honig oder Olivenöl.

ALTERNATIVEN

Um das Brot glutenfrei zuzubereiten, ersetze den Grieß mit glutenfreiem Mehl – auf Seite 61 erfährst du mehr.

Um es milchfrei oder vegan zuzubereiten, verwende Margarine.

BASILES PICKNICKBROT

Ich bin Basile aus Frankreich. Als Kind habe ich jeden Sommer meine Tante und ihre Familie in Südfrankreich besucht. Wir haben gern dieses Brot gebacken und auf Wanderungen über Lavendelfelder oder an felsige Buchten mitgenommen. Dann haben wir ein Picknick gemacht und die Aussicht genossen.

1 Lege die Form mit Backpapier aus (Seite 7). Heize den Ofen auf 180 Grad (160 Grad bei Umluft) vor.

2 Reibe den Käse.

3 Lass die Oliven in einem Sieb abtropfen.

4 Trockne die Tomaten mit Küchenpapier.

5 Streife mit dem Daumen und Zeigefinger die Thymianblätter ab.

6 Gib Mehl, Backpulver, Salz und Pfeffer in ein Sieb über einer großen Schüssel.

7 Schlage 1 Ei vorsichtig am Rand eines Bechers oder einer Tasse auf (Seite 6).

8 Schlage die anderen Eier genauso auf.

ZUTATEN

- 150 g fester Käse wie Gruyère oder Cheddar
- 100 g schwarze oder grüne Oliven (ohne Kern)
- 100 g getrocknete Tomaten in Öl
- 1 Zweig frischer Thymian (wenn vorhanden)
- 250 g Mehl
- 2 Teelöffel Backpulver
- 1 Prise Salz
- 1 Prise schwarzer Pfeffer
- 4 Eier
- 100 ml Milch
- 100 ml Olivenöl
- 1 Esslöffel Weißweinessig

Du brauchst außerdem eine 20 cm lange Kastenform. Wenn deine Form länger ist, lege nur den Boden mit Backpapier aus.

Du kannst die Oliven und/oder getrockneten Tomaten mit den folgenden Zutaten (gleiches Gewicht) ersetzen:

- frische Kirschtomaten, geviertelt

- eingelegte Paprika oder Artischocken, auf Küchenpapier abgetropft und klein geschnitten

- frischer junger Spinat, klein geschnitten

- Nüsse wie Mandeln oder Walnüsse

9 Gib Eier, Milch, Öl und Essig in die Schüssel.

10 Hebe Käse, Oliven, Tomaten und Thymian unter.

11 Backe das Brot 45–50 Minuten, bis ein Holzspieß sauber herauskommt.

12 Lass die Form abkühlen.

ALTERNATIVEN

Um das Brot glutenfrei zuzubereiten, verwende glutenfreies Mehl und Backpulver.

Auf Seite 61 erfährst du, wie du es eifrei, milchfrei oder vegan zubereitest.

BEATRIZ' BRIGADEIRO-TRÜFFEL

Ich bin Beatriz aus Brasilien. Als Kind habe ich „Brigadeiros", leckere Schokoladentrüffel, mit meiner Mami und meiner Schwester Fernanda für Geburtstage und Pyjama-Partys gemacht. Mami hat alles in die Pfanne gegeben und als die Masse abgekühlt war, haben Fernanda und ich kleine Kugeln geformt.

ZUTATEN

- 1 Dose gezuckerte Kondensmilch (400 g)
- 2 Esslöffel Backkakao
- 25 g Butter
- Schokostreusel, Zuckerstreusel oder Kokosraspel
- Sonnenblumenöl oder anderes Speiseöl

ERGIBT UNGEFÄHR 20 STÜCK

1 Gib Kondensmilch, Kakaopulver und Butter bei mittlerer Hitze in eine große Pfanne.

2 Rühre 3–5 Minuten. Teile die Masse mit dem Löffel am Pfannenboden. Es sollte 1 Sekunde dauern, bis sie wieder zusammenläuft. Lass sie dann abkühlen.

3 Gib die Streusel auf einen Teller. Reibe etwas Öl in deine Hände. Nimm ½ Teelöffel Schokomasse.

ALTERNATIVEN

Auf Seite 61 erfährst du, wie du die Trüffel milchfrei oder vegan zubereitest.

SANDRAS HEISSE SCHOKOLADE

Hallo, ich bin Sandra aus Galizien in Spanien. Das hier ist mein Familienrezept für heiße Schokolade. Sie ist dickflüssiger als andere heiße Schokoladen. Als Kind habe ich an Neujahr knusprige Teigstangen namens Churros in die Schokolade getunkt.

ZUTATEN

- 250 ml Milch
- 100 g dunkle Schokolade
- 1 ½ Esslöffel Speisestärke

ERGIBT 4 KLEINE TASSEN

1 Gib 2 Esslöffel Milch in einen Becher. Erwärme den Rest in einem Stieltopf.

2 Wenn die Milch kocht, reduziere die Hitze. Bröckele die Schokolade hinein. Rühre, bis sie schmilzt.

3 Vermische die Speisestärke mit der Milch im Becher. Gieße die Masse unter ständigem Rühren in den Topf.

4 Rühre weiter, bis die Schokolade dickflüssig wird.

ALTERNATIVEN

Für milchfreie oder vegane heiße Schokolade verwende pflanzliche Milch und Schokolade.

ZUTATEN ERSETZEN

Alle Rezepte in diesem Buch sind vegetarisch, aber du kannst sie auch vegan, nussfrei, glutenfrei, milchfrei oder eifrei zubereiten (oder in Kombination). Wie du das machst, erfährst du hier. Wenn du für eine Person mit Allergien oder besonderen Ernährungsbedürfnissen kochst, prüfe immer, welche Inhaltsstoffe abgepackte Zutaten wie Blätterteig, Mayonnaise, Margarine, Wraps oder Zuckerstreusel haben.

SUNHAS ZUCCHINI-PUFFER

- Um die Puffer GLUTENFREI zu machen, ersetze das Mehl mit glutenfreiem Mehl und die Sojasoße mit Tamari-Sojasoße.
- Der Dip ist scharf – du kannst die Chiliflocken weglassen oder die Puffer ohne Dip essen.
- Um das Gericht SESAMFREI zu machen, verwende kein Sesamöl.

EMINES KISIR-SALAT

- Um den Kisir-Salat GLUTENFREI zu machen, ersetze den Bulgur oder Couscous mit derselben Menge Quinoa. Überspringe Schritt 1 und gib die Quinoa mit 1 Liter Wasser in einen großen Topf. Stelle den Herd auf mittlere Hitze und warte, bis das Wasser kocht. Dann reduziere die Hitze, sodass das Wasser köchelt. Koche die Quinoa 15 Minuten oder bis sie das Wasser aufgesaugt hat. Nimm sie vom Herd und lass sie 15 Minuten stehen. Folge Schritt 2–7. Gib die Quinoa in eine große Schüssel und füge die anderen Zutaten in Schritt 8 hinzu. Dann folge den restlichen Schritten.

BECKYS BUREKAS

- Um die Burekas GLUTENFREI zu machen, verwende glutenfreien Blätterteig und glutenfreies Mehl zum Bestäuben in Schritt 7.
- Um sie EIFREI zu machen, ersetze das Ei mit 2 Esslöffeln Milch oder Pflanzenmilch.
- Um sie MILCHFREI zu machen, verwende Pflanzenmilch und pflanzlichen Blätterteig. Ersetze den Fetakäse mit einer zusätzlichen Kartoffel (ungefähr 100 g), 2 Knoblauchzehen, 1 Zwiebel und 2 Esslöffeln Olivenöl. In Schritt 1 verwende beide Kartoffeln. Nach Schritt 3 schneide die Zwiebel und presse den Knoblauch (siehe Seite 6). Gib Öl, Zwiebel und Knoblauch in eine Pfanne und brate alles bei mittlerer Hitze unter Umrühren 5 Minuten an. In Schritt 5 vermische die Zwiebel und den Knoblauch mit dem Kartoffelteig und Pfeffer.
- Um sie VEGAN zu machen, folge den Anweisungen für milchfrei und eifrei.
- Wenn du keinen SESAM verwenden möchtest, nimm Schwarzkümmel oder verzichte auf den Sesam.

ELONS & OKKIES NEUJAHRSGEBÄCK

- Um das Gebäck GLUTENFREI zu machen, verwende glutenfreies Mehl.
- Wenn du keinen SESAM verwenden möchtest, ersetze die Sesamsamen mit derselben Menge Zucker oder Kokosraspel.

RUTHS HONIGPUDDING

- Um den Pudding GLUTENFREI zu machen, garniere ihn mit Himbeeren oder glutenfreien Keksen.
- Um ihn MILCHFREI zu machen, verzichte auf Milch und Sahne und nimm stattdessen 600 ml Kokosmilch oder pflanzliche Sahne. Garniere ihn mit Himbeeren und milchfreien Keksen.
- Um ihn VEGAN zu machen, mache ihn milchfrei wie oben und ersetze den Honig mit Ahornsirup oder Agavendicksaft.

SHARONS „ROT-ROTE" BOHNEN

- Dieses Rezept ist schon glutenfrei, eifrei, milchfrei, vegan und nussfrei.

ELLIOTS ERDBEERTORTE

- Um die Torte GLUTENFREI zu machen, verwende glutenfreies Mehl und Backpulver.
- Um sie EIFREI zu machen, nimm anstatt der Eier 100 ml Sonnenblumenöl und 180 ml Wasser. Überspringe Schritt 2 und gib stattdessen 50 ml des Öls, 90 ml des Wassers, 100 g des Zuckers und ½ Teelöffel Vanilleextrakt in einen Becher und vermische alles. Folge Schritt 3 und siebe die trockenen Zutaten in eine Schüssel. Gib den Öl-Wasser-Mix dazu, bevor du alles vorsichtig umrührst. Folge den restlichen Schritten.
- Um sie MILCHFREI zu machen, verwende pflanzlichen Frischkäse und pflanzliche Sahne.
- Um sie VEGAN zu machen, mache sie eifrei und milchfrei wie oben.

PAMELAS OBSTSALAT

- Um den Obstsalat MILCHFREI oder VEGAN zu machen, verzichte auf das Dressing oder verwende pflanzliche Kondensmilch und pflanzlichen Joghurt griechischer Art .

VICS & ABIS EIS

- Um das Eis MILCHFREI oder VEGAN zu machen, verwende pflanzliche Kondensmilch und pflanzliche Sahne.

JACOBS EIERROLLE

- Um die Eierrolle GLUTENFREI zu machen, verwende einen glutenfreien Wrap.
- Um sie EIFREI zu machen, verwende statt der Eier 100 g Kichererbsenmehl, 1 Prise Kurkumapulver und 180 ml Wasser. Nach Schritt 4 gib das Kichererbsenmehl und das Kurkuma in eine Schüssel und verrühre es mit ein wenig Wasser. Gib das restliche Wasser unter Rühren langsam dazu. Folge dann den restlichen Schritten. Verwende pflanzliche Mayonnaise zum Dippen.
- Um sie VEGAN zu machen, mache sie eifrei wie oben und verwende einen pflanzlichen Wrap.

GEMMAS KOKOS-BARFI

- Um die Barfi MILCHFREI zu machen, ersetze die Kondensmilch mit pflanzlicher Kondensmilch und verwende Margarine.
- Um sie VEGAN zu machen, mache sie milchfrei wie oben und streue pflanzliche Streusel oder Pistazien darüber.
- Um sie NUSSFREI zu machen, streue nur Streusel darüber.

ISLAS & OLIVES GEBRATENER REIS

- Um daraus ein HAUPTGERICHT zu machen, brauchst du 300 g Tiefkühl-Erbsen, gekochte und geschälte Riesengarnelen oder Speckwürfel. Gib sie nach Schritt 6 dazu und koche sie unter häufigem Umrühren 2 Minuten. Dann befolge die restlichen Schritte.
- Um das Hauptgericht VEGETARISCH oder VEGAN zu machen, verwende nur Erbsen.

IRENES CHICCHE

- Um die Chicche GLUTENFREI zu machen, verwende glutenfreies Mehl.
- Um sie EIFREI zu machen, ersetze das Ei mit 4 Esslöffeln Wasser.
- Um sie MILCHFREI zu machen, ersetze den Parmesan mit pflanzlichem Parmesan oder 6 Esslöffeln Hefeflocken und den Ricotta mit fein gebröseltem festem Tofu.
- Um sie VEGAN zu machen, mache sie eifrei und milchfrei wie oben.

MARLEES SCHOKO-COOKIES

- Um die Cookies GLUTENFREI zu machen, verwende glutenfreies Mehl.
- Um sie EIFREI zu machen, überspringe Schritt 2 und ersetze das Ei mit 2 Esslöffeln Milch oder pflanzlicher Milch, die du in Schritt 3 dazugibst.
- Um sie MILCHFREI zu machen, verwende pflanzliche Margarine und pflanzliche Schokostücke.
- Um sie VEGAN zu machen, mache sie eifrei und milchfrei wie oben.

KATERYNAS SYRNYKY-PFANNKUCHEN

- Um die Pfannkuchen GLUTENFREI zu machen, verwende glutenfreies Mehl.
- Um sie MILCHFREI oder VEGAN zu machen, verwende statt dem Hüttenkäse 300 g gebröckelten festen Tofu, 2 Esslöffel pflanzlichen Joghurt und 1 Esslöffel Zitronensaft. In Schritt 1 und 2 nimm gebröckelten Tofu statt Käse. In Schritt 2 gib Joghurt und Zitronensaft zu den anderen Zutaten. Folge dann den restlichen Schritten.

PRIYAS KICHERERBSEN-CURRY

- Dieses Rezept ist schon glutenfrei, eifrei, milchfrei, vegan und nussfrei.

DANICAS PLÄTZCHEN

- Um die Plätzchen GLUTENFREI zu machen, verwende glutenfreies Mehl.
- Um sie MILCHFREI zu machen, verwende pflanzliche Milch und pflanzliche Butter oder Margarine.
- Um sie VEGAN zu machen, verwende pflanzliche Milch, pflanzliche Butter und gib kein Eigelb in den Teig, wie als Tipp erwähnt.

IKRAMS KESRA-BROT

- Um das Brot GLUTENFREI zu machen, ersetze den Grieß mit glutenfreiem Mehl. In Schritt 4 knete den Teig nur 1 oder 2 Minuten lang, bis er glatt ist.
- Um es MILCHFREI oder VEGAN zu machen, verwende pflanzliche Butter.

BASILES PICKNICKBROT

- Um das Picknickbrot GLUTENFREI zu machen, verwende glutenfreies Mehl.
- Um es EIFREI zu machen, verwende statt der Eier und der Milch 200 g pflanzlichen Joghurt (ungesüßt). Überspringe Schritt 7 und 8 und füge in Schritt 9 Joghurt, Öl und Essig hinzu und vermische alles. Folge den restlichen Schritten.
- Um es MILCHFREI zu machen, ersetze die Milch mit pflanzlicher Milch und den Käse mit 8 Esslöffeln Hefeflocken. Überspringe Schritt 2 und füge die Flocken in Schritt 10 hinzu.
- Um es VEGAN zu machen, mache es eifrei wie oben und ersetze den Käse mit 8 Esslöffeln Hefeflocken. Überspringe Schritt 2 und füge die Flocken in Schritt 10 hinzu.

BEATRIZ' BRIGADEIRO-TRÜFFEL

- Um die Trüffel MILCHFREI oder VEGAN zu machen, verwende pflanzliche Kondensmilch, 20 g pflanzliche Butter und rolle die Trüffel in pflanzlichen Streuseln oder Kokosraspeln.

SANDRAS HEISSE SCHOKOLADE

- Um sie MILCHFREI oder VEGAN zu machen, verwende pflanzliche Milch und pflanzliche Schokolade.

REGISTER

DANKSAGUNGEN

Herzlichen Dank an die folgenden Personen und ihre Familien, die uns freundlicherweise ihre Rezepte zur Verfügung gestellt haben.

ZUCCHINI-PUFFER, Seite 10–11: Sunha Park
KISIR-SALAT, Seite 12–13: Emine Ülkü Şimşek
BUREKAS, Seite 16–17: Becky Walker
NEUJAHRSGEBÄCK, Seite 18–19: Helen Lee
HONIGPUDDING, Seite 20–21: Ruth Brocklehurst
„ROT-ROTE“ BOHNEN, Seite 24–25: Sharon Kukubor-Tay
ERDBEERTORTE, Seite 26–27: Linda Essen-Möller
OBSTSALAT, Seite 28: Pamela Katic
EIS, Seite 29: Abigail Wheatley
EIERROLLE, Seite 30–31: Senti Mukasa
KOKOS-BARFI, Seite 34–35: Gemma Baijnath
GEBRATENER REIS, Seite 36–37: Kimberley Kinloch
CHICCHE, Seite 38–39: Irene Olivo
SCHOKO-COOKIES, Seite 42–43: Marlee Newman
SYRNYKY-PFANNKUCHEN, Seite 44–45: Kateryna Mokra
KICHERERBSEN-CURRY, Seite 46–47: Chaaya Prabhat
PLÄTZCHEN, Seite 48–49: Danica Utermöhlen
KESRA-BROT, Seite 52–53: Ikram Belaid
PICKNICKBROT, Seite 54–55: Basile Brosse
BRIGADEIRO-TRÜFFEL, Seite 56: Beatriz Liberatti
HEISSE SCHOKOLADE, Seite 57: Sandra Gomez Perez

Gestaltung der Reihe: Zoe Wray

Zusätzliche Gestaltung: Eleanor Stevenson & Vickie Robinson

Mit Dank an Kathy Kordalis

Übersetzung aus dem Englischen und Satz der deutschen Ausgabe: Andrea Reinacher
Redaktion der deutschen Ausgabe: Julia Hanauer

1. Auflage 2024 © 2024 für die deutsche Ausgabe: Usborne Publishing Limited, 83-85 Saffron Hill, London EC1N 8RT, Großbritannien. Deutsche Niederlassung: Usborne Verlag GmbH, Prüfeninger Str. 20, 93049 Regensburg, Deutschland. Titel der Originalausgabe: World Kitchen © 2023 Usborne Publishing Limited, London.